Brian Gagg

DAS CORONA AUSMALBUCH
MALBUCH ZUR ENTSPANNUNG

Bibliografische Information der Deutschen Nationalbibliothek:
Die Deutsche Nationalbibliothek verzeichnet diese Publikation in der Deutschen Nationalbibliografie; detaillierte bibliografische Daten sind im Internet über http://dnb.dnb.de abrufbar.

© 2020 Brian Gagg; 1. Auflage

Covergrafik, Texte & Illustrationen © 2020 Brian Gagg

Herstellung und Verlag: BoD – Books on Demand, Norderstedt

ISBN: 9783751902571

Inhaltsangabe

Seite

Virenarten

Körperabwehrzellen

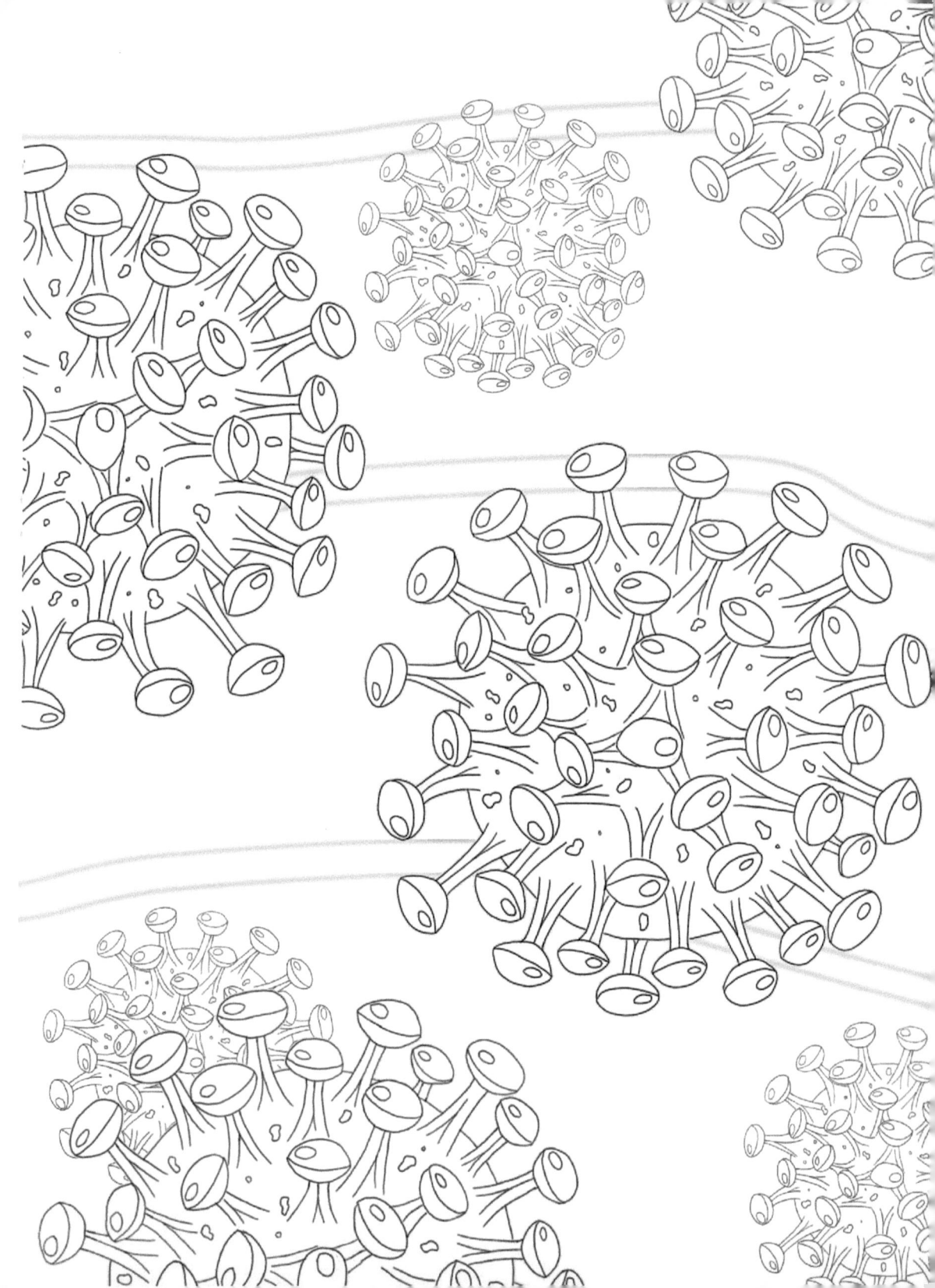

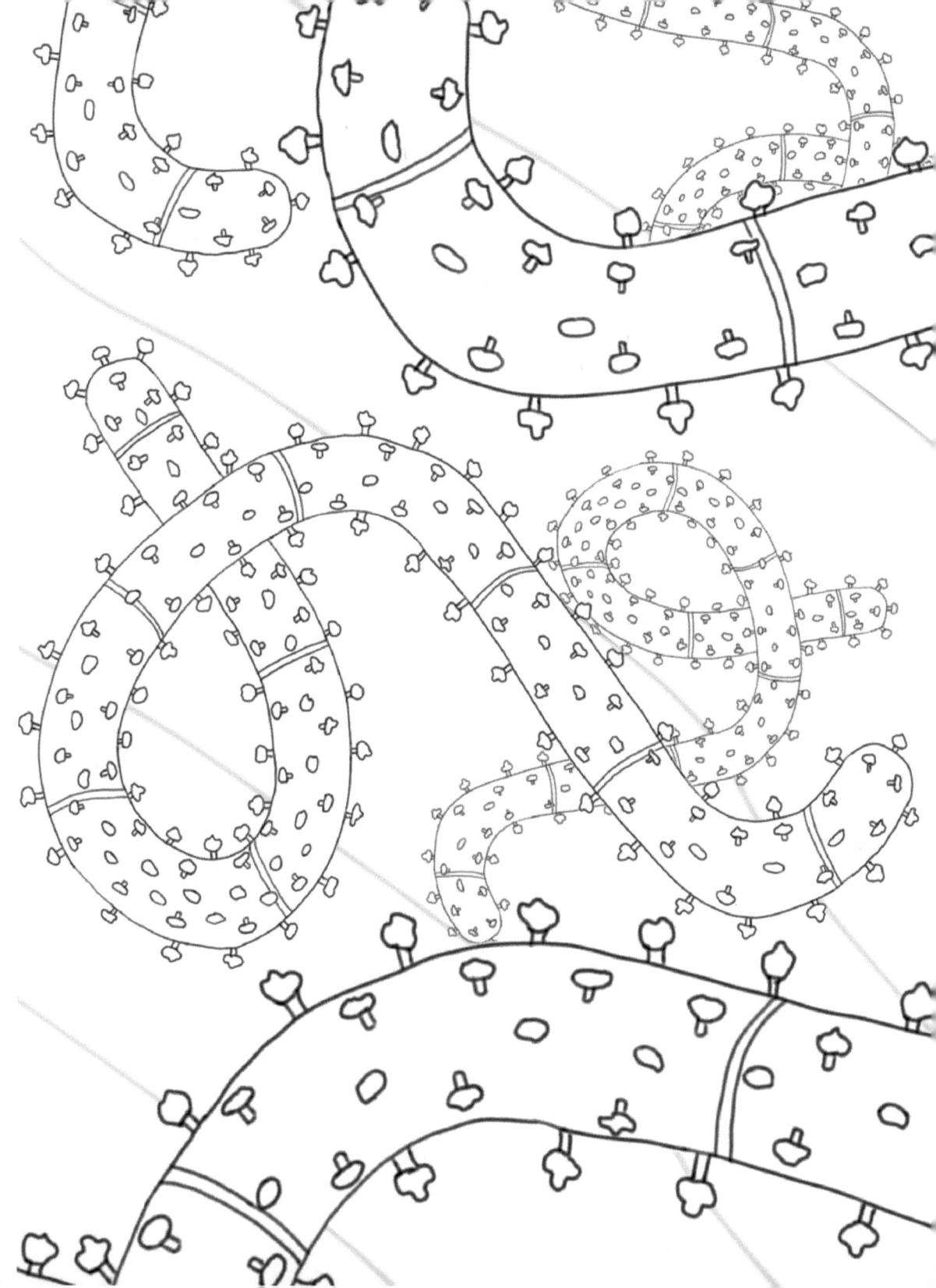

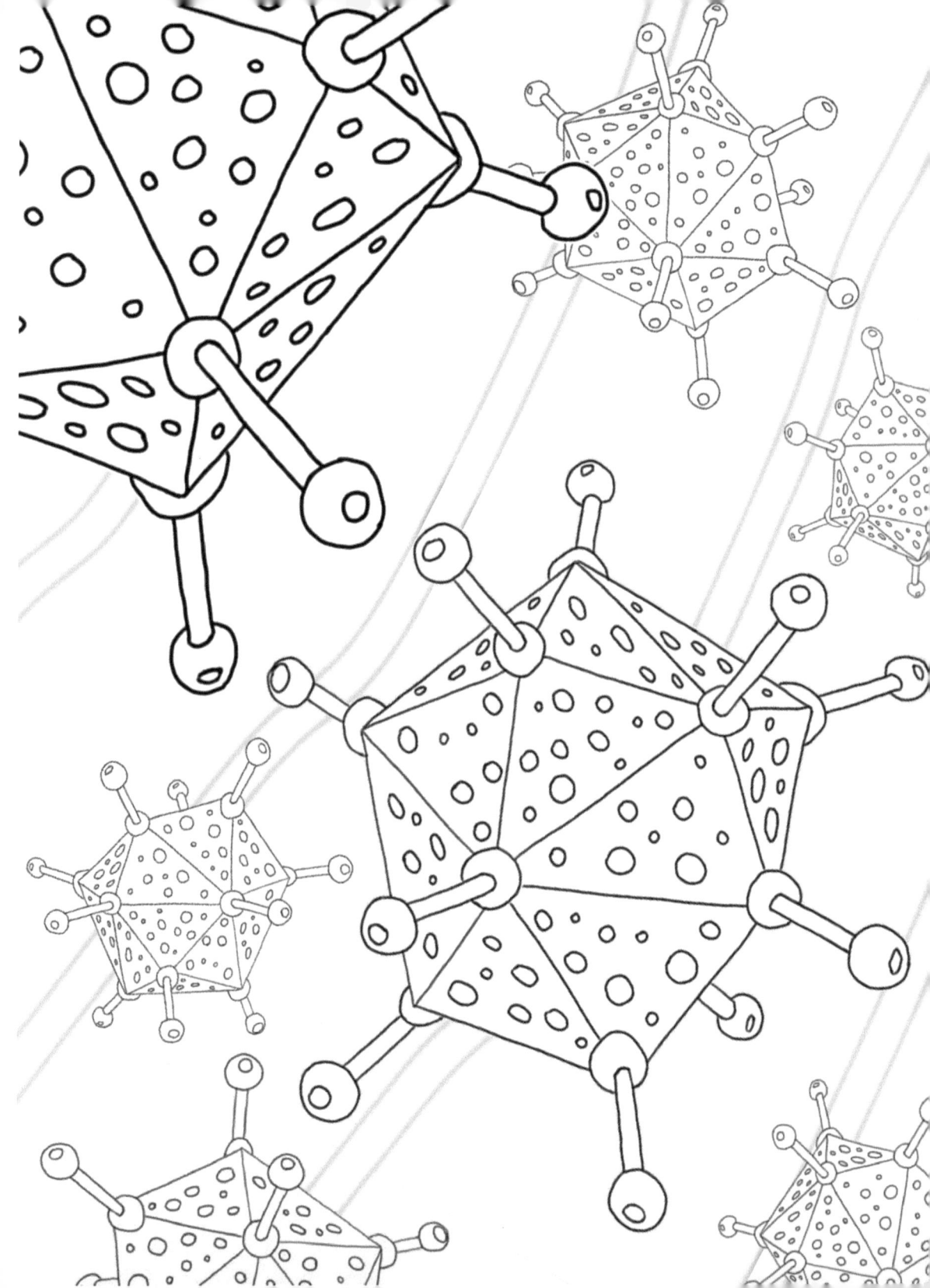

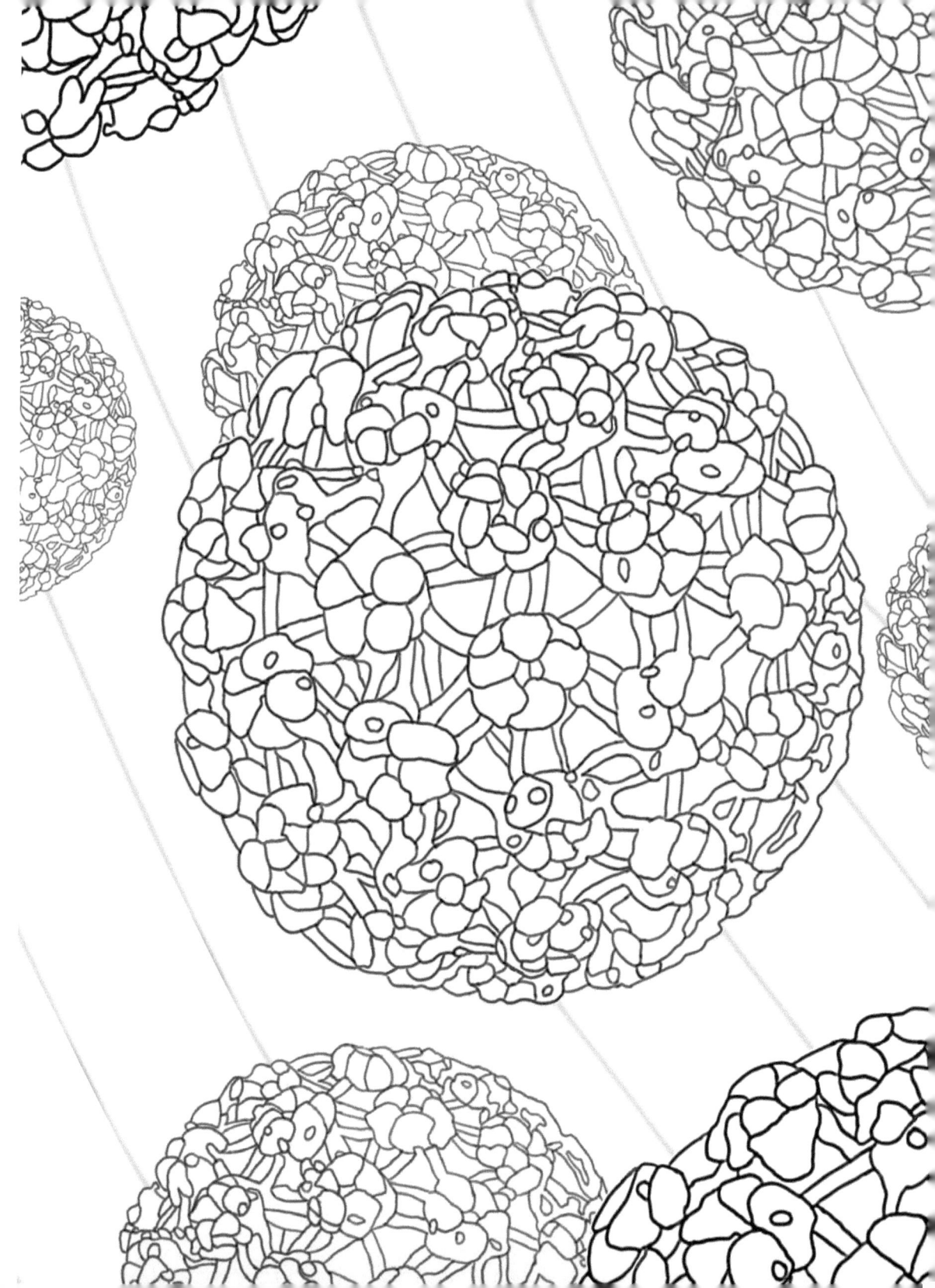

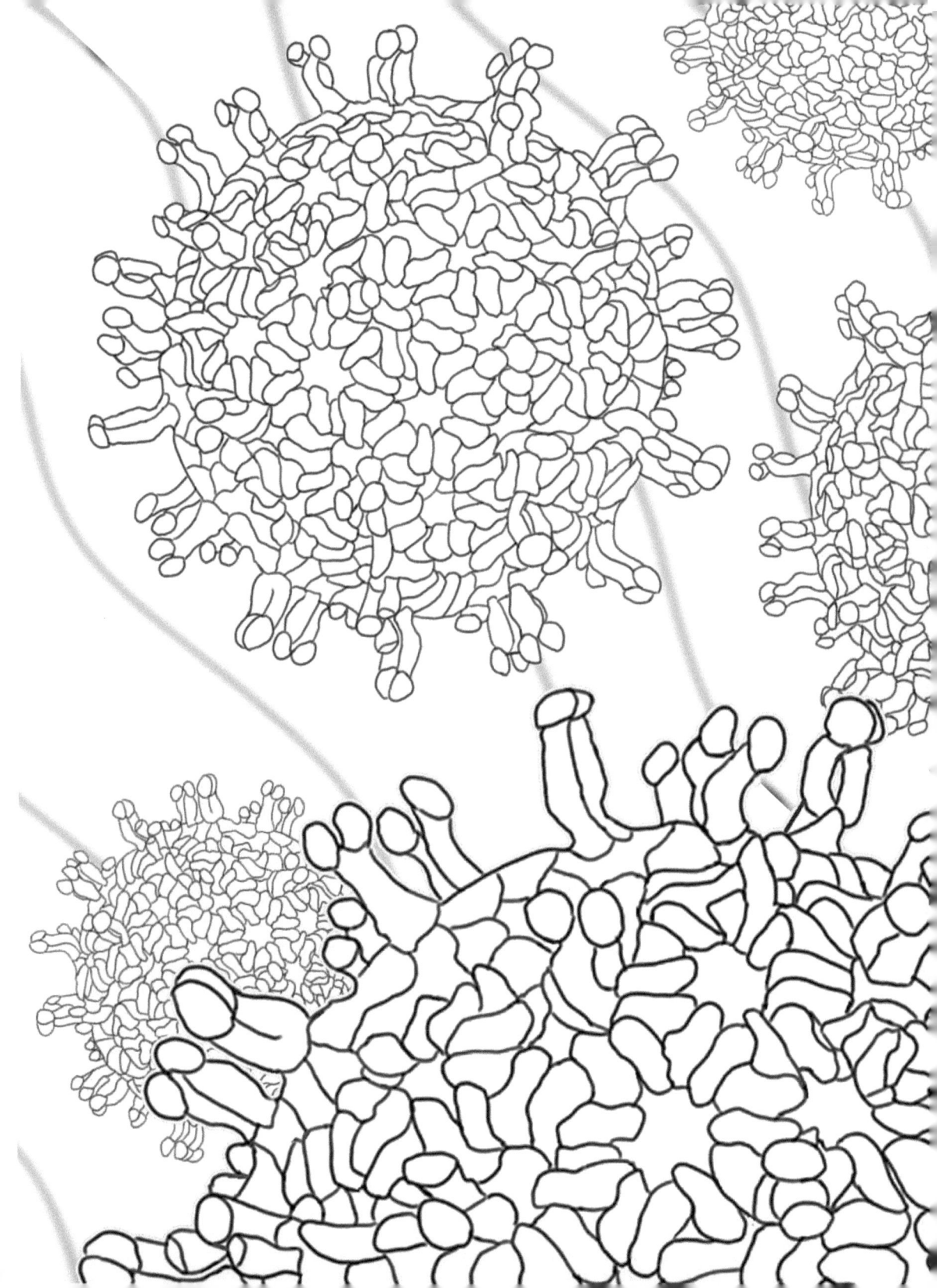

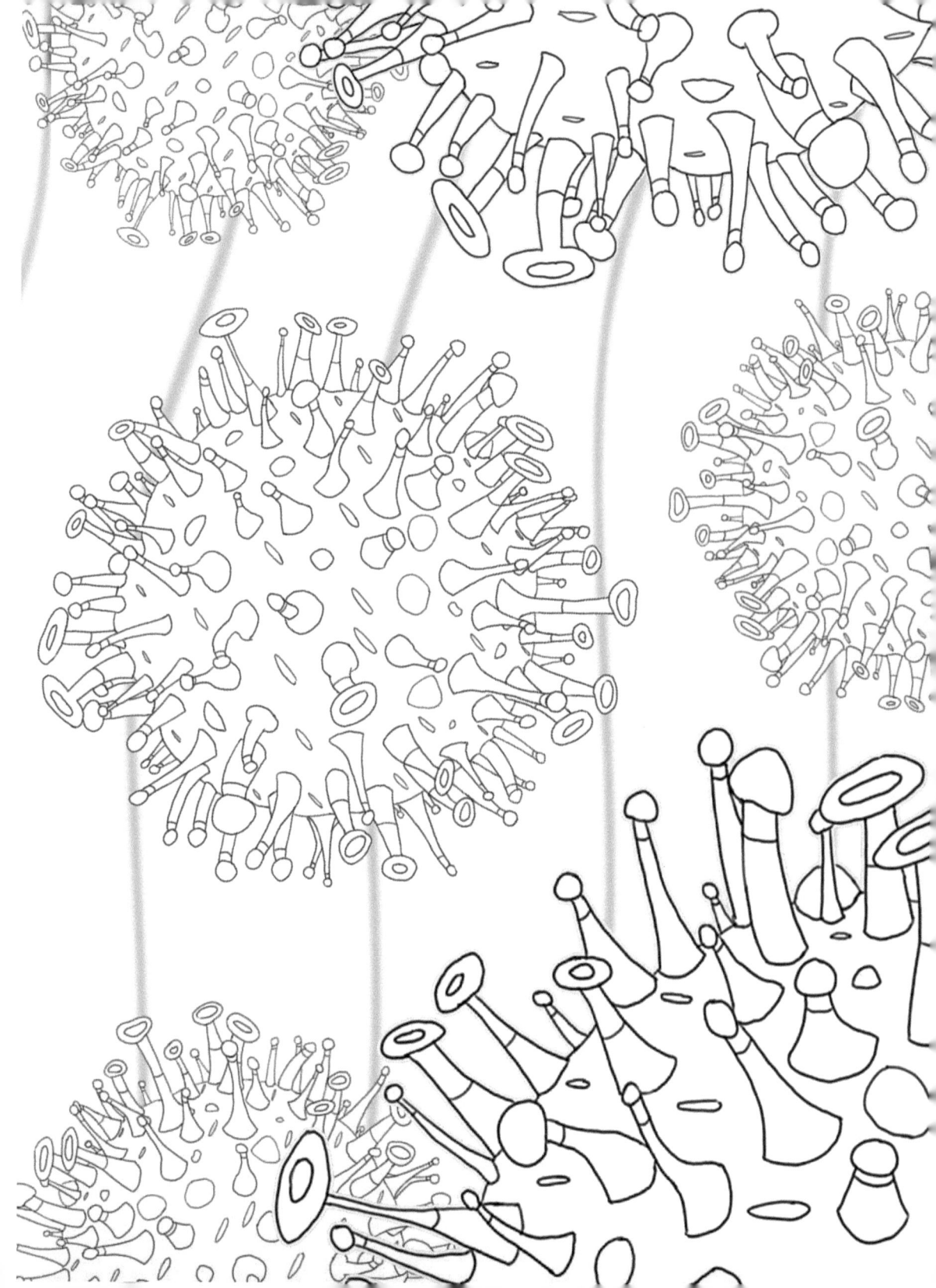

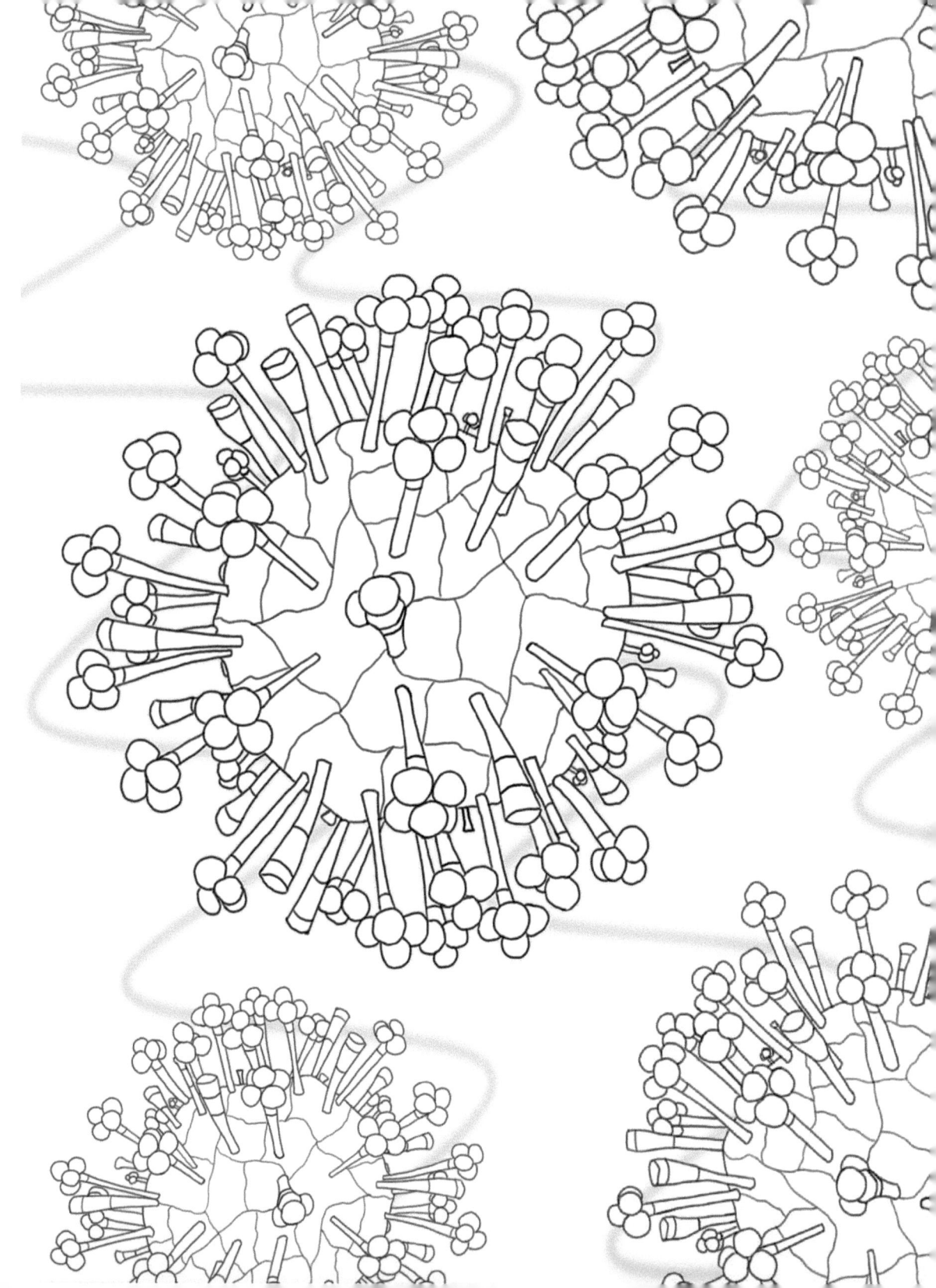

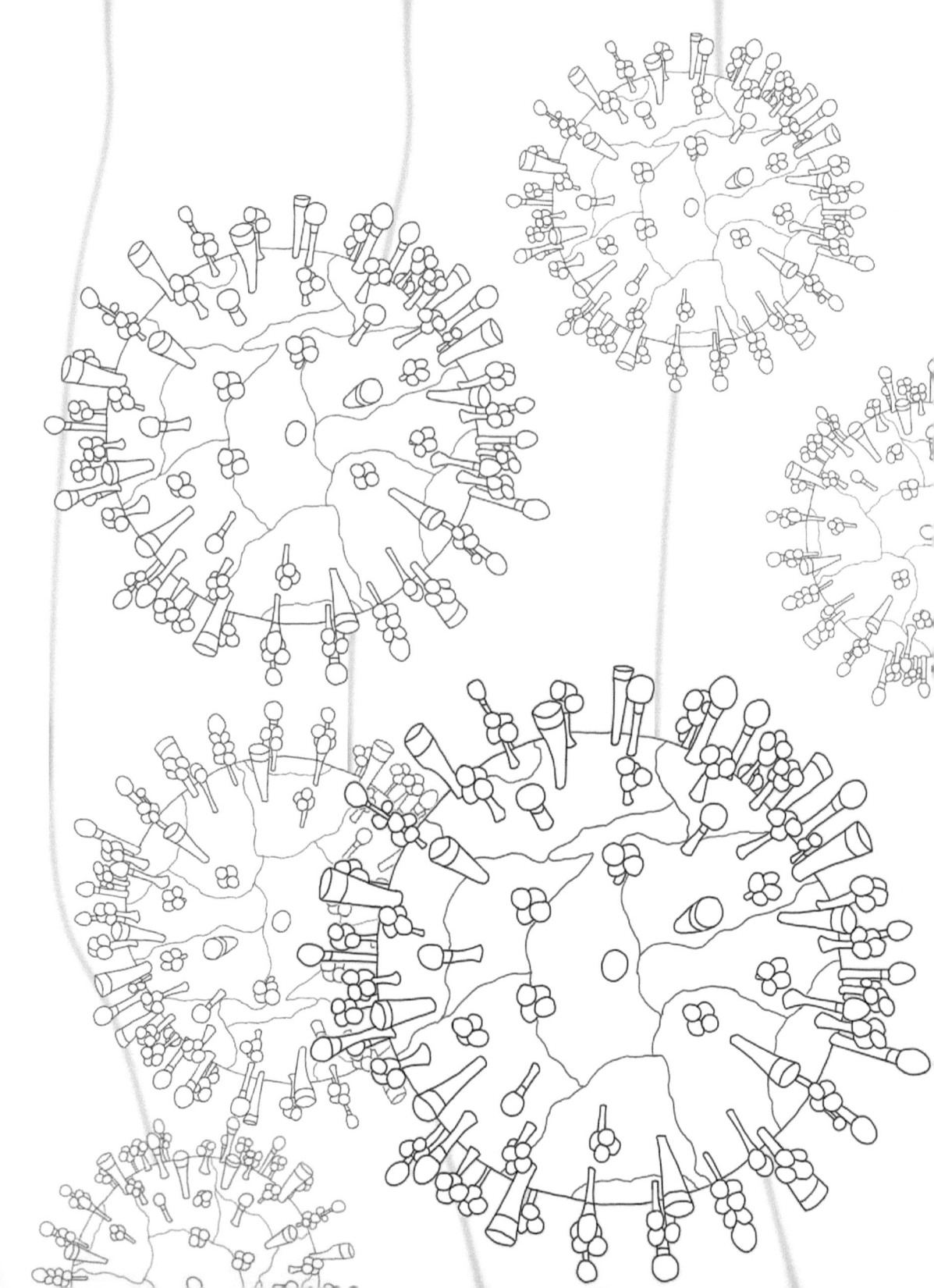

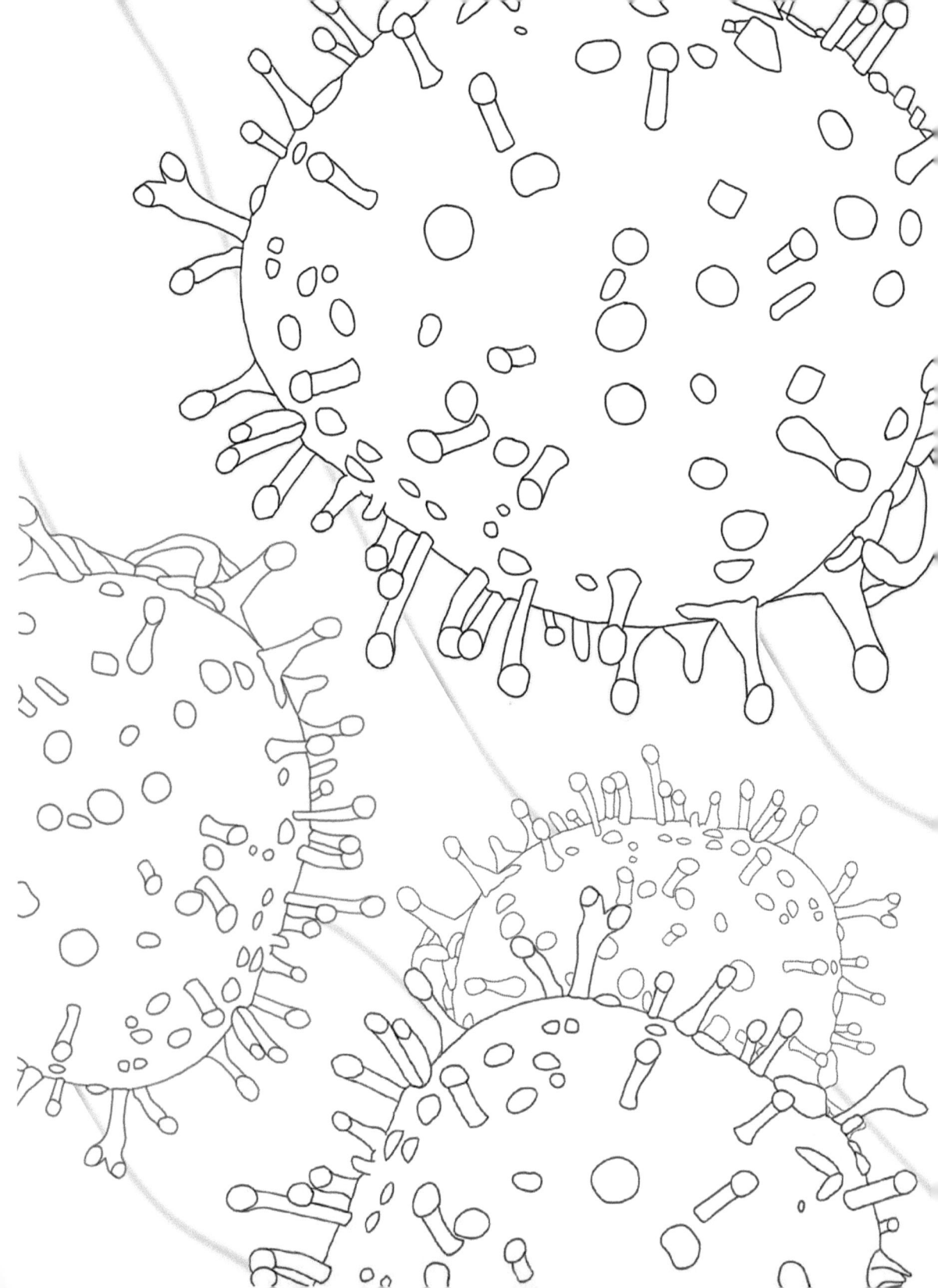

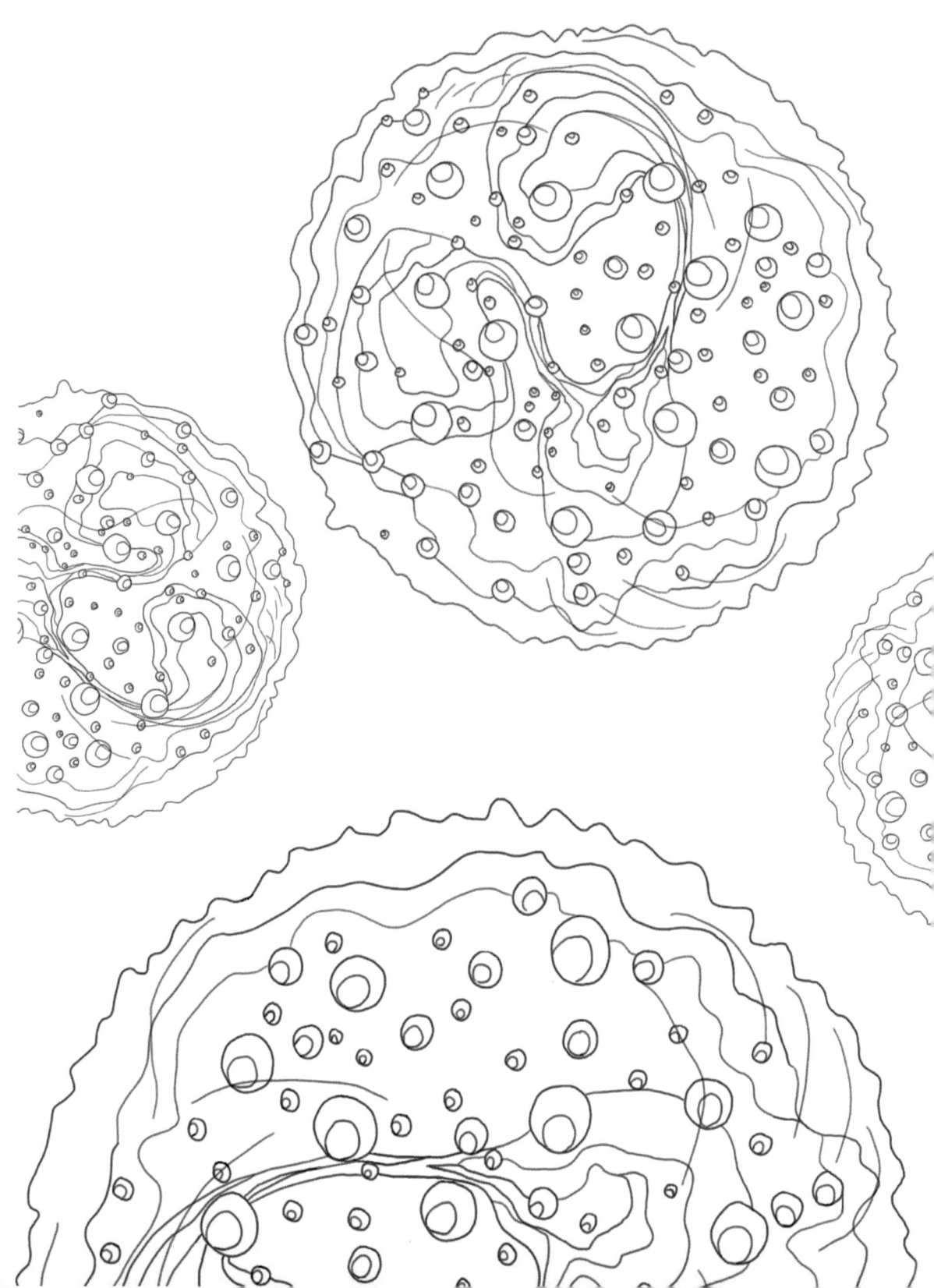

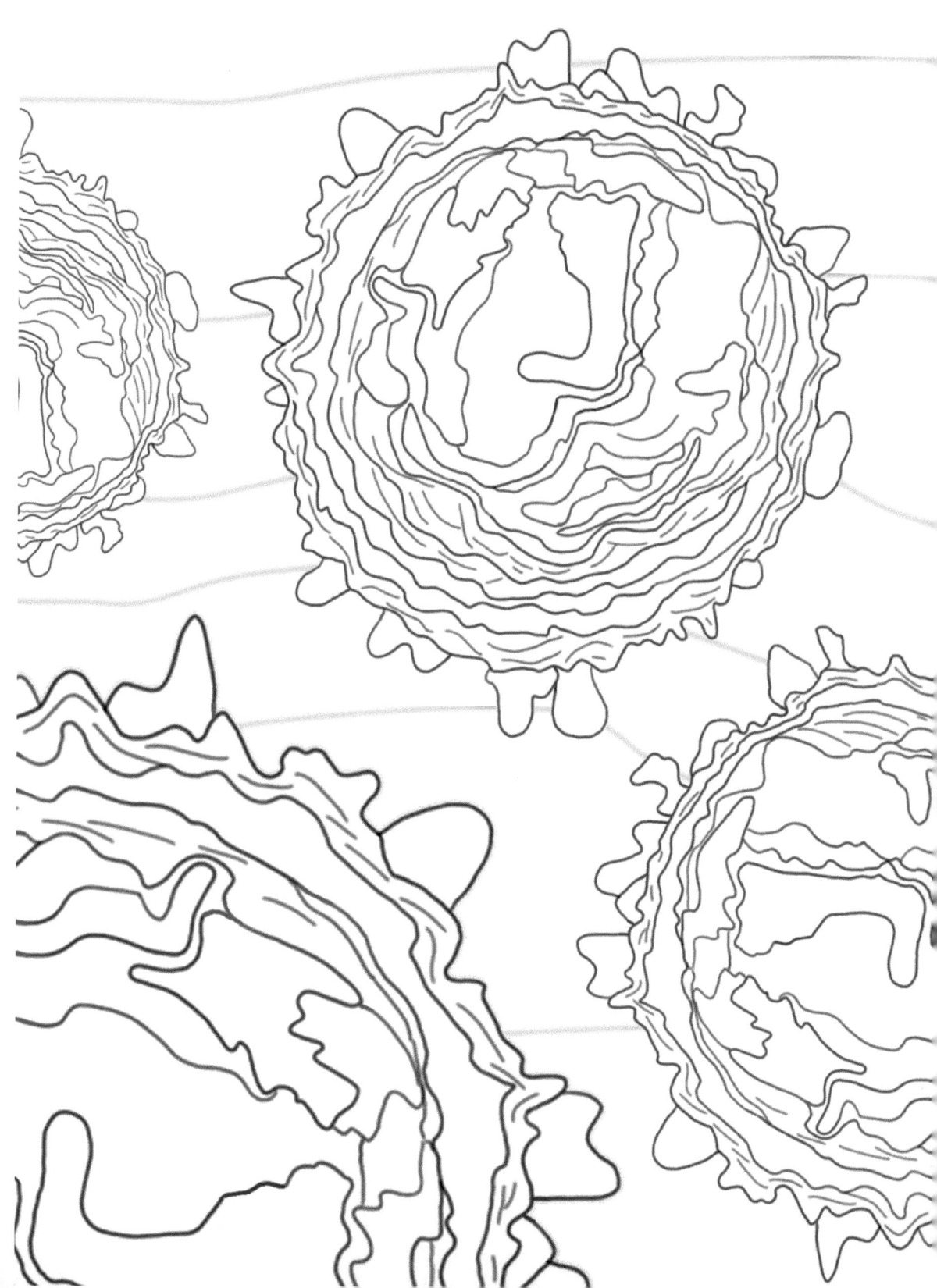

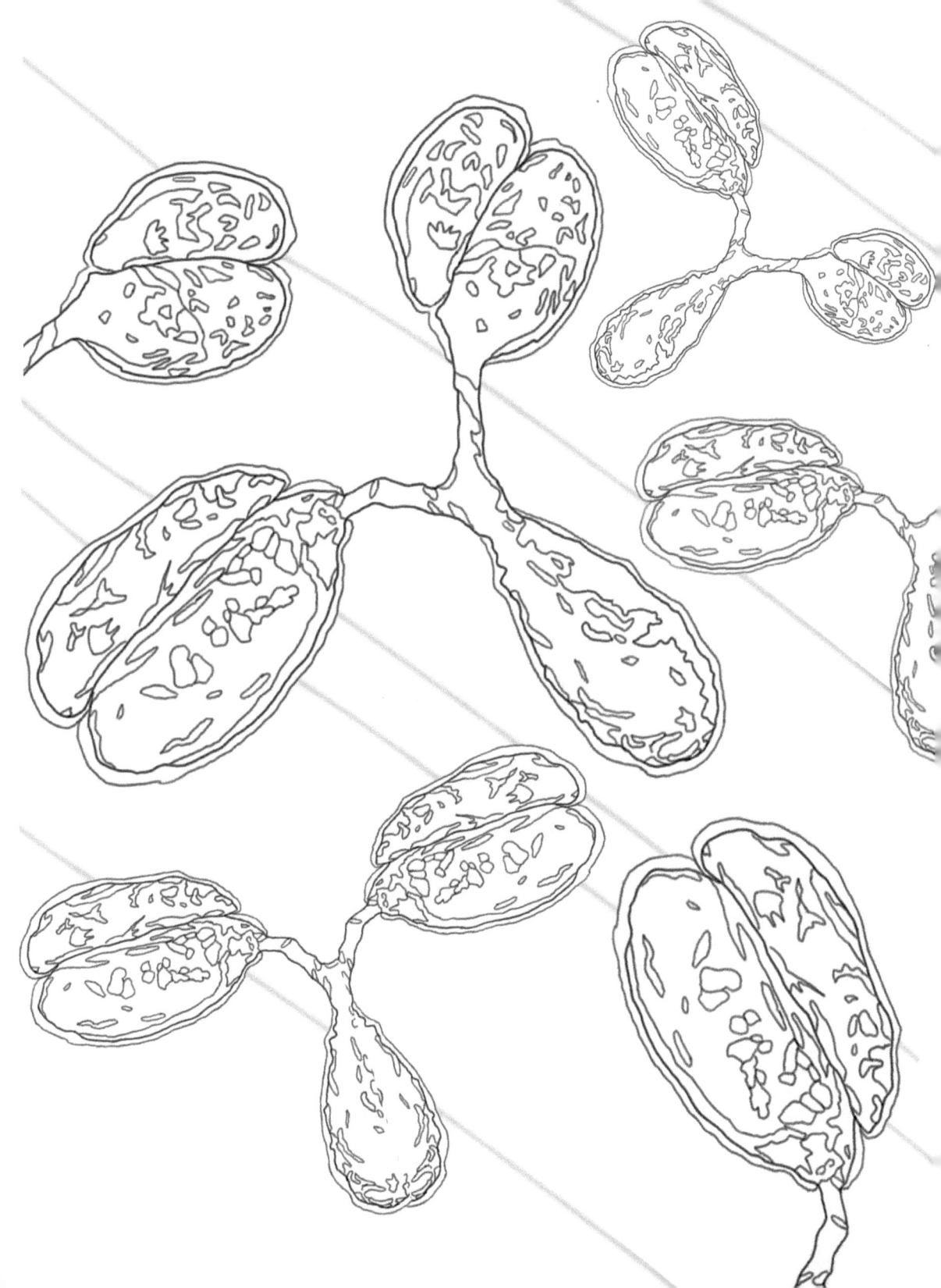

Weitere Bücher von Brian Gagg zum Thema CORONA:

Humor / Witzebücher:

**Corona Witze und Sprüche
Humor gegen das Virus!**

**Corona geht viral!
Das Corona Witzebuch**

Rätselbuch:

**Corona Wortesuchrätselbuch
Fakten über Corona & Co**

Postkartenbuch:

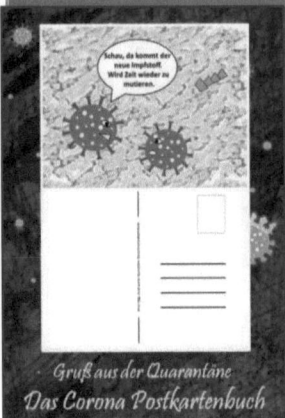

**Gruß aus der Quarantäne
Das Corona Postkartenbuch**

Notizbücher:

**FCK CRN
Notizbuch**

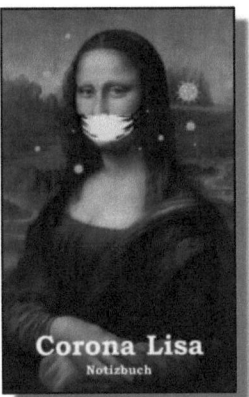

**Corona Lisa
Notizbuch**

**Corona
Notizbuch**

**Corona? Hab ich schon!
Notizbuch**

Im Onlinestore gibt es noch viele weitere Bücher von Brian Gagg, insbesondere zum Thema <u>Minecraft</u> und <u>Battle Royale</u> (Fortnite).